Sri Lanka

Ayurveda
Palmblattbibliothek
oder Notizen unterwegs

Danka Todorova

BoD™
BOOKS on DEMAND

Lektorat:
Ulrike Mühlhaupt

Bildmaterial:
Danka Todorova

Cover und Buchlayout:
Lektorat Buchstabenpuzzle Karwatt
www.buchstabenpuzzle.de

1. Auflage

Bibliografische Information der Deutschen Nationalbibliothek:
Die Deutsche Nationalbibliothek verzeichnet diese
Publikation in der Deutschen Nationalbibliografie;
detaillierte bibliografische Daten sind im Internet über
http://dnb.dnb.de abrufbar.

Herstellung und Verlag: BoD – Books on Demand,
Norderstedt

ISBN: *978-3-7481-1248-8*

Danka Todorova

Sri Lanka
Ayurveda
Palmblattbibliothek
oder Notizen unterwegs

Inhaltsverzeichnis

1. Der Traum oder Wörterbuch im Koffer

»Das muss ich unbedingt fotografieren«, sagte mein Sohn, als er vorbeilief und meinen leeren Koffer sah. Darin lag bis jetzt nur ein Wörterbuch. Der junge Mann hörte nicht auf zu lachen, ging in sein Zimmer und holte sein Profi Fotoequipment, um ein Bild zu machen.

»Hey, lach nicht so, mein Englisch ist gar nicht so schlecht, aber der Doc im Ayurveda Zentrum benutzt die medizinische Fachsprache und davon habe ich herzlich wenig Ahnung.« Ich lachte auch und verzieh meinem Sohn alles. Wichtig war nur, auch die kleinen schönen Momente des Lebens erkennen zu können und sie zu genießen.

Es war ein langer Weg zu dieser Reise. Die erste Fernreise meines Lebens.

Wie alles begann? Mit einem Traum.

Ich sitze in einem Zimmer. Mir gegenüber sitzt ein Mann, der ein Palmblatt liest. Es ist mein Palmblatt. Dort ist mein Leben niedergeschrieben. Als ich begreife, dass ich in einer Palmblattbibliothek sitze, spüre ich, wie meine Tränen den Weg nach unten zu meinem Herzen suchen. Alles war so real.

Natürlich erzählte ich den Traum meiner Freundin Maria.

»Weißt du, liebe Doro, ich denke, dass dein Traum wahr werden kann. Ich habe eine Frau kennengelernt, die in Sri Lanka ein Hotel mit Ayurveda Zentrum hat. Mal sehen, was sich daraus ergibt«, sagte sie abschließend, und ich wusste, dass ich dorthin fliegen würde. Wann und für wie lange, wusste ich noch nicht.

Dieses Gefühl, etwas zu wissen, ohne zu versuchen alles zu erklären, begleitet mich seit Jahren. Einige nennen es Vorahnung, andere Intuition oder Vorhersehen.

Damals wusste ich nicht, dass ich die Reise absagen musste. Ich war voll im Prüfungsmodus, hatte viele Facharbeiten zu schreiben und Fristen einzuhalten.

Ich stornierte die Reise nach Sri Lanka, meine Urlaubskasse wurde leichter, und das Einzige, was ich wusste war, dass ich irgendwann dorthin fliegen würde. Wenn die Zeit gekommen ist.

Maria schaffte es tatsächlich, eine Verbindung zu der Besitzerin des Hotels in Sri Lanka herzustellen, und ihre zweite Reisegruppe war bereits in der Planung.

Ich hatte alle Prüfungen bestanden und freute mich auf die Fernreise nach Sri Lanka. Die Flugtickets wurden von einem Reisebüro gebucht.

»Wir fliegen im November, ich gebe dir die alle Informationen in einer E-Mail«, schrieb mir Maria.

»Mit uns fliegen noch vier Frauen, die kennst du nicht. Wir sind eine gute Truppe«, sagte mir Maria am Telefon. Sie ist perfekt in Planung und Organisation und ich hatte keine Bedenken, dass alles gut funktionieren würde.

Wir wussten noch nicht, dass uns auch schwierige Situationen begegnen würden, in denen wir uns schnell entscheiden mussten, wie zu handeln war.

Zwei Tage vor dem Abflug bereitete ich meinen Koffer vor und kaufte Geschenke für die singhalesische Familie und für die Hotelbesitzerin Kaffee und Filter. Die Besitzerin des Hotels hat sich deutschen Kaffee gewünscht, da Kaffee in Sri Lanka sehr teuer ist.

Ich nahm mir ein paar Stunden und recherchierte, was ich noch brauchte, um die Sachen rechtzeitig zu besorgen.

Eine Woche vorher besuchte ich meinen Hausarzt, um die fehlende Impfung zu bekommen.

Meine andere Freundin Uli erzählte mir von den Reisen ihres verstorbenen Mannes. Seine erste Reise nach Sri Lanka hatte ihn begeistert. Danach besuchte er die Insel noch dreimal und zwar in dieser Gegend, wo ich jetzt mit der Gruppe sein werde.

Sie rät mir, eine Salbe zum Schutz vor Insekten mitzunehmen, nichts zum Essen an Straßenständen zu kaufen und auf mich aufzupassen.

Auf ihren Rat hin vertraute ich meinem Sohn alles an, was er wissen musste, falls mir etwas zustoßen sollte - Konten, Unterlagen und alles Wichtige. »Es wird nichts passieren«, sagte mein Sohn, hörte aber meinen Instruktionen trotzdem aufmerksam zu.

Mir kam der Gedanke, dass die Menschen in früheren Jahrhunderten ihr Testament machten, bevor sie sich auf eine Reise mit der Postkutsche begaben, von Station zu Station. Damals waren dunkle Zeiten und die Reisenden wussten nicht, ob sie überhaupt an ihr Ziel gelangen würden. Sie schwankten zwischen Angst und Hoffnung und wagten es trotzdem, eine Reise zu unternehmen.

Im Koffer neben dem Wörterbuch landeten leichte Sommerbekleidung, Schuhe und die gekauften Geschenke.

Ich besorgte auch eine Flasche Weißen Burgunder aus der Region Baden für den 4. Dezember, den Tag der Heiligen Barbara. Dies ist auch der Tag zum Andenken an meine schon vor langer Zeit verstorbene Mutter. Daneben landete noch eine Packung Zimtsterne. Diese schenkte ich am Ende des Aufenthalts der Therapeutin, die bei mir Shirodhara (Stirnölguss Massage) durchgeführt hat.

Alle elektronische Geräte, den kleinen Laptop, Kamera und Handy, Bustickets und Reiseunterlagen verstaute ich in meiner großen Handtasche.

So reiste ich nur mit einem Koffer und einer Tasche.

Mit leichtem Gepäck unterwegs zu sein, hat seine Vorteile. In den Unterführungen in Berlin gibt es nicht immer Aufzüge und so sind die Reisenden gezwungen, ihre Muskelkraft einzusetzen, denn sie müssen ihr Gepäck schleppen. Auch in der S-Bahn und im Bus.

Zwei Monate vor der Reise kaufte ich die Tickets für den FlixBus. Wir würden alle von Berlin Tegel aus fliegen. Ich war die Einzige aus dem Süden Deutschlands und hatte einen langen Weg vor mir.

Mit dem Auto wollte ich nicht fahren. Außerdem liebe ich es im Bus zu sitzen und für mich allein zu sein. In der Nacht kann ich sehr gut im Bus ein Nickerchen machen und so vergeht die Zeit schnell.

Ich kam an der Internationalen Bus Station in Berlin an, und bis zum Berliner Hauptbahnhof waren es noch ca. zwanzig Minuten Fahrt mit der S-Bahn von Kreuzberg bis zum Zentrum der Stadt.

Ich musste zuerst die Linie S 41 nehmen, dann in die S 5 umsteigen. Schließlich war ich drei Stunden früher am vereinbarten Treffpunkt – dem kleinen Café direkt rechts vom Bahnhofseingang. Maria hatte vergessen uns zu sagen, wie das Café heißt, aber sie war sich sicher, dass wir es finden würden.

Unser Treffen war um 11.30 Uhr angesetzt. Ich saß auf einer Bank an Gleis 15 und hatte die Möglichkeit, die Reisenden zu beobachten. Danach spazierte ich durch den ganzen Bahnhof und merkte mir, wo es was gibt. Ich mache immer meine innere Landkarte mit den Standorten der wichtigsten Einrichtungen, die einem nützlich sein können.

Für einen Reisenden ist es von Bedeutung zu wissen, wo sich Toiletten, Cafés, Information, Buchläden und andere Geschäfte befinden, in denen man günstig einkaufen kann.

Jetzt muss ich schmunzeln, weil ich mich daran erinnere, dass ich in Venedig in einem WC einen Stadtplan bekam, auf dem die öffentlichen Toiletten verzeichnet waren.

So viele Touristen besuchen Venedig, dass die Stadtverwaltung einen hohen Aufwand betreiben muss, um die Stadt sauber und ordentlich zu halten. Dazu zählt eben auch der Service, den Reisenden die Suche nach einer Toilette mittels des Plans zu erleichtern.

Das Café hieß Einstein und war momentan leer, stellte ich fest. Dabei hatte ich immer das Gefühl, dass meine Mitreisenden früher als vereinbart eintreffen würden.

Mit meinem Koffer und meiner Tasche ging ich langsam zum Südausgang des Bahnhofs und stellte fest, dass es dort kein Café gab.

In einer Weihnachtskugel über meinen Kopf prüfte ich mein Aussehen und meine Frisur nach acht Stunden Nickerchen im Fernbus von Freiburg nach Berlin, um festzustellen, dass ich normal aussehe und die Mitreisenden nicht erschrecken würde.

Es fehlte nur mein Lippenstift. Da kam mir ein Spruch in den Sinn, den ich einmal gehört hatte: »Eine gepflegte Dame muss immer einen Lippenstift aufgetragen haben, egal wie es ihr geht.« Mein Handy klingelte und Maria meldete sich.

»Doro, wir sind alle im Café, kommst du?« Ich beeilte mich und war sehr gespannt, wen ich dort treffen würde.

Der einzige Mann in der Gruppe war Julian, der Ehemann von Maria. Die anderen waren mir unbekannt.

Zuerst fiel mir die bunt gekleidete Frau mit grauem Haar auf. Sie stellte sich als Elly vor. Neben ihr stand ihre Freundin Christine. Die beiden machten den Eindruck, dass sie seit langem befreundet sind.

Die junge Frau mit der Brille, die neben Maria stand, war Charly, und die letzte, die sich vorstellte, war Anna.

»Ah, gemeinsam mit dir mache ich die Ayurveda Kur«, sagte ich und freute mich, dass ich die kommende Tagen von einer anderen Mitreisenden begleitet werde. Ich wusste noch nicht, dass die letzten Tage ihrer Kur sehr stark individuell auf sie ausgerichtet sein würden und sie spezielle zusätzliche Untersuchungen brauchte, die sie alleine absolvierte.

Wir gingen zusammen zu Vapiano in den zweiten Stock und jeder sorgte für sein leibliches Wohl, mit Suppe, Salat oder einfach nur Cappuccino.

Nachdem alle die Information hatten, wer Maria wo kennengelernt hatte, nahmen wir den Bus in Richtung Flughafen Berlin Tegel. Die Fahrt dauerte ca. zwanzig Minuten. Während ich meine Reisepapiere suchte, eilte die Gruppenleiterin zum Check-in.

An einem Flughafen, egal wo er sich befindet, gibt es Warteschlangen. Schlangen von Menschen, die abreisen möchten, Kontrollen, die die innere Ordnung des Handgepäcks neu sortieren und elektronische Geräte in Plastikkisten landen lassen.

Wie ich später feststellte, sollten die Passagiere, egal ob Business oder Economy Class, auf dem Bandaranaike International Airport in Colombo und dem Hamad International Airport in Doha, ihre Schuhe ausziehen und die Kontrolle barfuß oder in Socken passieren.

2. Qatar Airways oder es riecht anders im Flieger

Wir saßen alle in der Halle unseres Gates und warteten auf das Boarding. Ich machte ein paar Fotos von unseren Mitreisenden, während Anna Kaffee aus dem Becher trank und mich fragte, ob ich den Rest möchte, sie hätte genug getrunken.

Obwohl ich keinen Kaffee brauchte, trank ich ein paar Schlucke und dachte darüber nach, wo sich das junge Paar aufhält, das beim Check-in hinter mir gewesen war.

Die jungen Leute hatten Surfbretter in den Farben Gelb, Blau und Grün und große Rücksäcke dabei. Sie flogen mit demselben Flieger nach Colombo wie wir, und danach wollten sie nach Male weiterfliegen.

»Wie schön, dass Sie Ihre Inselerfahrung vor sich haben, genauso wie wir. Wir bleiben in Sri Lanka«, bemerkte ich und die junge Frau lachte.

»Wir waren schon da, das ist unser viertes Mal«, sagte sie und umarmte ihren Freund, der nur nickte und nichts sagte.

»Und gefällt es Ihnen dort?«, bohrte ich weiter, nicht nur um das Gespräch im Gang zu halten. Ich wollte wissen, was es war, dass diese jungen Menschen dazu bewegt, um die halbe Welt zu fliegen, um ihre Träume zu erfüllen.

»Die Wellen sind sehr freundlich, aber auch gefährlich«, gab mir der junge Mann zur Antwort. Als wir zum Boarding gebeten wurden, bedankte ich mich bei den jungen Leuten und wünschte ihnen einen schönen Urlaub. Schade, dass ich sie nicht gefragt habe, wo sie zu Hause sind. Wir stiegen in die Busse, die uns zu unserem großen Vogel bringen sollten. Es war ein richtig großer weißer Vogel mit einem Schriftzug auf Arabisch und Englisch »Qatar Airways«. Die Uniformen des Flugbegleitungspersonals passten zur Bordeauxfarbe des abgebildeten Tieres – dem Kopf einer Oryx, einer Antilope mit sehr langen, geraden Hörnern, das Nationaltier von Qatar. Also eine Mischung aus

Nationaltier und Flaggenfarbe. Als ich ins Flugzeug kam, wurde ich auf Englisch begrüßt und mir wurde gezeigt, wo sich mein Sitzplatz befindet. Ich lief zwischen zwei Reihen, und links von mir waren die Sitzplätze der Businness Class Passagiere. Mir fiel sofort ein Geschäftsmann auf, der vielleicht aus Berlin oder Frankfurt kam, und sich schon ein Glas Sekt gönnte. Durch meinen Kopf schossen viele Gedanken. So jung, dieser Brillenträger, und ein Bauchumfang von wohl schon über 120 Zentimetern. Elegant gekleidet. Ich lief weiter und gelangte zu dem Bereich, wo sich die Sitzreihen der Ecomony Class Passagiere befanden. Mein Platz war ganz hinten, in der 29. Reihe, rechts mittig. Ich hatte mir so gewünscht, am Fenster zu sitzen, aber da saß eine junge Kanadierin, die nach Johannesburg flog und sich mit Anna unterhielt. So hatte ich Zeit für mich, um die Atmosphäre, den Raum und alles um mich herum für die nächsten sechs Stunden zu erkunden, bis wir unseren Umsteigflughafen in Doha erreichten. Das erste Gefühl hier war, ich bin in Sicherheit. Die neue A 350 war ein Erlebnis. Die Ausstattung supermodern. Mich beeindruckten die beruhigende Musik und der Geruch im Innenraum der Maschine. Sie war ein Raum zwischen den Kontinenten, der alle Sinne ansprach.

Später entdeckte ich selbst in einem Ayurveda Shop den Duft von Red Lotus Oil. Ob die Duftnoten einiger Passagiere so präsent waren, dass ich das wahrnahm, oder ob es von der Airline vorgeschrieben ist, dass die Kabine gut duften muss, kann ich nicht sagen. Alleine die Tatsache, dass ich es wahrnahm, reichte mir um zu wissen, dass ich schon in Asien war. Erst später, zu Hause, erfuhr ich, dass es noch andere Lotospflanzen außer rote gibt, und zwar pinke, blaue und goldene. Der Duft dieser Lotosblüten hatte eine ausgeprägte Herznote und beinhaltete die Elemente Wasser und Feuer. Der Duft war warm, würzig, balsamisch und exotisch. Eine wunderbare sinnliche Harmonie, die mich sofort begeisterte. Lotosblüten sind den Seerosen sehr ähnlich. Auch die Seerosenbilder von Monet haben viele Menschen auf der Welt inspiriert. Im alten Ägypten und in Indien wurde die Lotosblüte verehrt und als spirituelle Pflanze der Inspiration und Sinnlichkeit benutzt.

An Bord genoss ich ausgezeichnete Mahlzeiten und ein abwechslungsreiches Unterhaltungsangebot. Alles top und ich als Passagier fühlte mich ein wenig stolz, dass ich das erleben durfte. Auf dem Oryx One Unterhaltungssystem wurden mir bis zu 4000 Optionen mit Touchscreens und einer Dual-Screen Funktion für Unterhaltung auf zwei Bildschirmen gleichzeitig gezeigt. Die neuesten Kinotrailer in verschiedenen Sprachen, nach Kontinenten sortiert. Es ist so, als ob man die Zukunft der Luftfahrt live erlebt. Über eine dunkle Seite von Qatar Airways, die ich ganz am Ende unserer Reise beobachten durfte, berichte ich später.

Nach sechs Stunden Flug landete die Maschine pünktlich in Doha, Qatar.

Obwohl bei uns in Europa schon Vorweihnachtszeit war und Geschäfte, Straßen und öffentliche Räume weihnachtlich geschmückt waren, war hier, am Hamad International Airport, nichts davon zu entdecken. Das Kind in mir wurde plötzlich traurig, als ich in einer der Hallen einen großen, schmutzigen gelben Bär entdeckte. Wir haben auf dem Rückweg vor diesem Bär Erinnerungsfotos gemacht.

Die Schilder für die verschiedenen Gates befanden sich nicht oben, über den Köpfen der Passagiere, sondern auf einer Säule mit nach links oder rechts verweisenden Pfeilen.

»Schau mal, Doro, oben unter der großen Schauwand. Da steht Al Safwa First Class Lounge, das ist die exklusivste Lounge dieses Flughafens«, sagte Anna, die neben mir lief. Die Leiterin unserer Reisegruppe lief so schnell, dass es mir unmöglich war, ein Foto zu machen. Ich merkte es mir für später, wenn ich mehr Zeit haben würde, darüber nachzudenken – über die gesellschaftlichen Verhältnisse und die Macht. Dieser internationale Flughafen in Doha ist aus Stahl, Glas und Marmor und wirkte kühl auf mich. Die

Toiletten glänzten, so dass ich Angst hatte, mit meinem
Stiefel eine Pirouette zu drehen.

Ich hatte keine Ahnung, ob die männliche Bevölkerung
in arabischen Ländern eher normalkurvige Frauen bevor-
zugt oder Models, aber eins schien mir sicher. Falls ich
mich entscheiden würde hier zu leben, würde ich definitiv
nicht lange Single bleiben.

Ich sah mich im Flughafen genauer um und mir fiel auf,
dass sich die Herrentoiletten nahe des Ausgangs vom Flugzeug befanden. Frauen dagegen mussten sich gedulden
und eine starke Blasen haben, um zur Damentoilette zu
kommen. Es lagen mindestens 100 Meter dazwischen. Ich
wusste nicht, ob ich dies als ein weiteres Zeichen der Trennung von weiblichen und männlichen Welten betrachten
sollte, oder einfach als etwas Normales, wie die zigtau-
sende von Passagieren, die durch den Flughafen
marschierten, um zu ihrem Gate zu kommen.

Zum Einkaufen hatte ich trotz des vielfältigen Angebots
keine Lust. »Doro, wenn du hier etwas kaufen möchtest,
brauchst du starke Nerven«, sagte mir Christine, als sie
bemerkte, dass mich die horrenden Preise irritierten. Für
einen deutschen Durchschnittsverdiener wäre ein
Geschenk von hier, wie so oft bei der Weihnachtsbesche-
rung, teuer und einmalig. Ich behalte lieber mein Geld für
ätherische Öle und andere aufregende Sachen in Sri Lanka,
dachte ich. Die Zeit zum Umsteigen war ohnehin knapp
und wir steuerten zielgerichtet zum Gate, wo die Maschine
nach Colombo startbereit wartete.

In der Abflughalle ist mir eine räumliche Trennung nach
Fluggastkategorien aufgefallen. Es gab einen separaten
Flur mit vielen blauen Stühlen, seitlich hinter einigen
Säulen: Ein diskreter Aufenthaltsort für die Passagiere der
Business Class. Die Normalsterblichen saßen in einer
großen Halle, wo die Kinder zwischen den Reihen herum-
rannten, weil ihre Eltern beschäftigt waren, ihre Whats-
Apps oder Facebook Kommunikation zu pflegen. Genauso
wie bei uns in Deutschland, am Flughafen Berlin Tegel,

Frankfurt oder sonst wo. Genauso. Irgendwie gleich und doch anders.

»Doro, schau, der junge Mann da macht ein Video von dieser Frau mit dem Kopftuch«, machte mich Anna aufmerksam. Tatsächlich, ich habe ihn ein paar Minuten beobachtet und bemerkte, wie er die anderen austrickste. Er war ein grandioser Schauspieler. So etwas würde mir nie im Leben einfallen, die anderen so auszuspionieren. Er tat so, als telefonierte er, und gleichzeitig richtete er sein Handy seitlich, damit er die Frau filmen konnte.

In diesem Moment war ich baff. Was ich alles sah und erlebte. Nach ein paar Minuten war das chinesische Flugbegleiterteam bereit. In beiden Tunneln, dem für die Business Class und dem für Normalsterbliche, strömten Gäste aus aller Welt zum Flieger in Richtung der mangoförmigen Insel im Indischen Ozean namens Sri Lanka.

Die Zeit im Flieger nutzte ich für eine beruhigende Meditation. Ich schloss die Augen und war in einem Zustand zwischen Wachen und Schlafen, der es mir erlaubte, abzuschalten und gleichzeitig bereit zu sein für die leckeren Mahlzeiten, die mich erwarteten. Das Hühnchen mit Reis war vorzüglich. Das Gericht war schnell weg, und ich ließ mir vom Reis noch etwas geben. Irgendwann am Nachmittag landeten wir auf dem Bandaranaike International Airport in Colombo.

Ausländer, die nach Sri Lankas einreisen, brauchen ein Visum, schon zuvor besorgt oder am Airport zu erhalten. Für uns als Touristen waren 39 Euro fällig, was für sri-lankische Verhältnisse eine Menge Geld ist. Der Umrechnungskurs war 1 Euro zu 182 Rupien.

Wie in einem Rauschzustand holte ich meine Kamera hervor und machte Fotos. Endlich war ich da, wo ich seit zwei Jahren sein wollte. Ich habe für diese Reise auf viele Dinge verzichtet, das erste Mal storniert, und nun war ich da. Auf einem anderen Kontinent.

Bis ich auf einmal bemerkte, dass ich alleine war. Meine Mitreisenden waren weg. Auf einmal weg. Mir lief ein Schauer über den Rücken.

Was sollte das bedeuten? Warum war ich alleine, wo sind die anderen geblieben?

Ich war zuerst auf mich sauer, danach auf meine Mitreisenden, dass gar nicht geschaut hatten, wo ich bleibe.

Ich versuchte mich selbst zu beruhigen und sagte mir, dass ich alles schaffe, egal was kommt. Meine feurige Seite vom Aszendenten hat sich mal wieder gezeigt.

Ich stellte mich zu einer Schlange, wo andere Reisende warteten. Eine singhalesische Frau in einem grün-blau-braunen Sari erklärte mir höflich, dass ich zuerst ein Visum bezahlen müsse und zeigte mir eine andere Schlange rechts von mir.

Ich lief dorthin und sah auf einmal meine Mitreisenden, die in der Nähe der Passkontrolle standen und bereit waren, ihre Reisepässe vorzuzeigen.

Na sowas, Dorothee, sagte ich mir und versuchte die anderen darauf hinzuweisen, dass sie nicht alleine reisen und es Menschen gibt, die zum ersten Mal auf diese Insel kommen. Julian ließ mich vor und erfasste die Situation schneller als seine Frau. Er half mir auch später bei der Gepäckhausgabe, als er meinen verdrießlichen Gesichtsausdruck bemerkte.

Als ich mich später an diese Situation erinnerte, musste ich über mich selbst lachen, wie sauer ich damals war. Die gewonnene Sicherheit, dass ich alles schaffen kann, dass ich auch alleine irgendwo auf der Welt zurechtkomme, verleiht mir Flügel, um meine Reiseträume zu verwirklichen.

In der Ankunftshalle des Flughafens standen viele Singhalesen mit Schildern vor sich. Ein Mann trug ein Schild mit dem Namen unserer Reiseleiterin Maria. Das war der Busfahrer vom Hotel, der den Transfer übernahm. Wir warteten ungefähr 10 Minuten, bis er unseren Bus zu uns brachte. Es war 25 Grad und ich hatte Durst. Wasser ist in den Tropen ein kostbares Gut. Die Temperatur machte mir zu schaffen, weil ich als Neuling in fremden Ländern vergessen hatte, im Handgepäck leichte Schuhe einzupacken und im Koffer eine kleine Flasche Wasser. Trotzdem beobachtete ich neugierig das unbekannte Volk. Um mich herum liefen ständig Menschen in Flip Flops, es wurden Gepäckstücke herumgetragen und in irgendeinem Kofferraum verstaut. Die Gepäckträger bekamen ihre Rupien und entfernen sich schnell, um auf die nächsten Kunden zu warten. Neben mir stand ein Mann mit über 10 Koffern, wobei ich nur die großen gezählt habe. Es kamen zwei Wagen, in denen er seine in Deutschland gekauften Schätze unterbrachte, um seine Familie zu überraschen. Ich war mir ganz sicher, dass Schokolade und andere Süßigkeiten dabei waren, auf die die Kinder schon sehnsüchtig warteten. Endlich kam unser Mikrobus, und ich stieg ein mit einer für mich unbekannten Bereitschaft alles, was ich sehe, zu fotografieren. Am Ende der Reise hatte ich über 1000 Fotos und ein paar Videos.

Zuerst lernte ich die Hauptstadt Colombo vom Fenster des Mikrobusses kennen. Die vollen Straßen, die Tuk-Tuks, die farbigen Busse. Den Lärm habe ich noch gar nicht richtig registriert. Und Palmen. Weit und breit, wohin der Blick reichte, sah ich Palmen. Ganz verschiedene Größen und Arten. Die üppige Pflanzenwelt der Tropen hat mich für sich gewonnen. Auch später staunte ich über die eine oder andere Pflanzenart, die man nur in den Tropen finden kann. Fast alle meine Mitreisenden machten ein ungemütliches Nickerchen. Nur ich und Christine fotografierten.

Mal Kühe, mal Busse, mal schmutzige Häuser und Paläste mit hohen Mauern oder Zäunen. Ein paar große Buddhas und Tempel zogen schnell vorbei, wie die Geister zwischen den Zeiten und Menschen. Darüber werde ich später berichten. Nach eineinhalb Stunden Fahrt kamen wir an.

3. Ypsylon Resort oder Jesus Sandalen

Zu unserem Hotel, dem Ypsylon Resort, führte ein Kiesweg, der auf beiden Seiten mit Palmen und anderen Bäumen gesäumt war. Ich war ziemlich beeindruckt. Wir nahmen unser Gepäck und standen direkt vor der Rezeption. Zwei junge singhalesische Frauen im Sari begrüßten uns und ließen uns die Formalitäten erledigen. Während ich mich umschaute, um anzukommen in der neuen Unterkunft, die für mich in den nächsten zwei Wochen meine Bleibe sein würde, hatten die anderen schon eingecheckt und ihre Zimmer bekommen. Maria, Julian, Elly und Christine waren Nachbarn und bekamen Zimmer im ersten Stock. Warum das so war, erfuhr ich einige Tage später, als uns Julian erzählte, dass in ihrem Zimmer beim letzten Besuch einige Zentimeter hoch Wasser gestanden war. Diesmal wollten sie ihren Aufenthalt ohne solche Unannehmlichkeiten genießen, und ich konnte es verstehen.

Als ich meinen Zimmerschlüssel bekam, sah ich meine Mitreisenden nirgendwo. Alle waren wie vom Ozean verschluckt. Das hat mich schon gewundert. Ich schleppte meinen Koffer bis zum Zimmer und ließ ihn stehen. Ich wollte nicht auspacken.

Mein Zimmer war so nah am Meer, dass ich einfach den Schlüssel nahm und die fünf Meter bis zum Strand in meinen Stiefeln lief, um den Indischen Ozean zum ersten Mal in meinem Leben zu begrüßen.

Meine erste Sorge war, dass ich keinen Adapter mitgenommen hatte, und damit lief ich Gefahr, meine elektronischen Geräte nicht benutzen zu können.

Ich ging zu Julian, der versuchte die Steckdosen irgendwie für meine Geräte anzupassen. Er sagte auch, dass es Maria mit einem Kugelschreiber geschafft hatte, die Öffnung der Steckdose für das Kabel frei zu bekommen. Auf dem Rückweg sah ich auf dem Flughafen Colombo eine Frau, die eine Steckdose mit einem Kugelschreiber manipulierte, damit sie ihr Handy aufladen konnte.

Julian war weg und kurz danach kam Maria mit einem Kugelschreiber aus der Rezeption. Schließlich schaffte sie es, und ich konnte meinen Laptop mit Strom verbinden. Das rettete meinen Tag. Endlich konnte ich meinen Badeanzug anziehen und zum Strand laufen.

Meine Mitreisenden, bereits in Badekleidung und mit Strandtüchern ausgerüstet, waren schon am Strand, was mich ziemlich erstaunte. Alle wollten wohl rasch braun werden und Sonne für die winterlichen Temperaturen in Deutschland tanken. Deswegen waren sie so schnell.

Erfahrung macht schnell und klug, dachte ich mir. Und auch du, liebe Doro, wirst ein anderes Mal schnell sein, wenn du irgendwo in den Tropen bist. Irgendwann.

In meinem blauen Badeanzug tauchte ich schließlich als letzte aus der Truppe auf. Alle anderen schlürften Kokoswasser aus einer Kokosnuss und unterhielten sich. Danach bestellten sie Säfte aus Mango, Wassermelone oder anderen Früchten, zum Teil mit Zitronenminze aromatisiert. Ab diesem Tag waren diese frischgepressten Säfte unser Erfrischungsgetränk. Am Nachmittag erhielten ich und Anna unsere schwarze Wellnessbekleidung und unseren Behandlungsplan für die anstehende Ayurveda Kur. Wir freuten uns auf die exotischen Pflanzen, die hölzernen Ayurveda Hütten, den Garten und das große, nach Chlor riechende Schwimmbecken. Ich war auf unsere einwöchige Ayurveda Kur sehr gespannt.

Am Abend lernte ich meinen Nachbarn Jorgos kennen. Jorgos kam aus Deutschland und hielt sich in Sri Lanka seit einem Monat mit einer Reisegruppe auf. Seine Schwester war auch dabei. Sie war schon mal auf Sri Lanka gewesen und hatte ihn überredet, das Land zu bereisen. Er hatte zwei Wochen Ayurveda Kur im Hotel im hinter sich. Interessanterweise haben wir uns über diese zwei Wochen nicht unterhalten. Das Land, die Menschen und die nähere Umgebung waren wichtiger, sowohl für Jorgos, als auch für mich.

Überall wird lokaler Kaffee serviert, der weit von unserer Vorstellung von aromatisch duftendem Kaffee entfernt ist.

»Beim Frühstück, wenn du Kaffee bestellst, bekommst du ein Kännchen, in dem noch das Kaffepulver drin ist. Lass den Kaffe noch eine Weile ziehen, sonst trinkst du nur Kaffeeersatz, Dorothee«, sagte Jorgos und lachte.

»Danke für den Tipp, lieber Nachbar«, sagte ich und verfolgte aufmerksam alles, was mir mein Nachbar von der rechten Seite des ersten Stocks, wo sich mein Zimmer befand, berichtete. Übrigens, das war meine erste indirekte Erfahrung in Sri Lanka.

Ich denke oft an diesen Jorgos und seine Art zu reisen, das Leben zu genießen und aus jedem Moment das Beste herauszuholen. Zum ersten Mal traf ich einen Weltenbummler, der wie ein Tornado auftaucht und genauso schnell verschwindet. Manchmal schickt uns der Himmel Menschen, die uns Geschichten mitbringen.

»Hier musst du für jede Sache verhandeln, Doro«, sprach Jorgos weiter. »Es ist nicht so wie in Deutschland. Von einer Tuk-Tuk Fahrt bis zu Stoffen und Gewürzen.«

Er erzählte, welche Tempel in der Umgebung einen Besuch wert sind und dass ich mir hier preiswert maßgeschneiderte Kleider nähen lassen kann. In jeder Straße gibt es eine Schneiderin, die das anbietet. Bloß nähen sie mit billigem Faden, der sehr schnell kaputt geht. Die Stoffe selbst sind aber sehr empfehlenswert.

Da das für mich unbekannt war, hörte ich neugierig zu, was Jorgos so erzählte.

»Schau, wenn aus dem Hotel rausgehst, findest du direkt auf der rechten Straßenseite eine Näherin.«

Und er holt aus seinem Zimmer eine Tunika und eine neue bunte Hose. Jorgos war leicht gerundet und die schön geschnittenen Kleidungsstücke standen ihm sehr gut.

»Du kannst dir auch ein paar Tuniken oder Kleider nähen lassen, wenn du magst«, meinte er.

Alles, was Jorgos erzählte, würzte er mit seinem Lachen. Seine Augen glänzten wie kleine Glühwürmchen, denn es war auf einmal dunkel geworden.

»Hier geht die Sonne um 6 Uhr morgens auf und um 18 00 Uhr geht sie unter. Danach ist es sehr dunkel. Falls ihr einen Ausflug unternehmen möchtet, müsst ihr schauen, dass ihr früh aufbrecht«, tat er seine nächsten Reisetipps kund.

Ich schaute nach unten, zu seinen Sandalen. Sie waren aus echtem Leder, und ich konnte die Qualität erkennen.

»Woher hast du sie?«, fragte ich ihn in der Hoffnung, dass er sie auf Sri Lanka gekauft hatte.

»Die hat mir ein Freund aus Jerusalem online bestellt. Er hat die gleichen. Das sind Jesus-Sandalen«, sagte er stolz und ich lachte.

»Lach nicht, es ist wahr«, behauptete er und ergänzte: »Wenn ich sie anhabe, habe ich das Gefühl, dass ich Jesus bin. Wohin Jesus gegangen ist, gehe ich auch.«

Danach erzählte Jorgos pathetisch, wie er am Flughafen New York von einer Frau angesprochen wurde, der seine individuellen Schuhe aufgefallen waren.

»Warte kurz«, sagte er und verschwand in seinem Zimmer. Ich muss lachen, wenn ich mich jetzt daran erinnere. Als er zurückkam, präsentierte er stolz wie ein kleines Kind, das einen Schatz vorzeigt, ein Paar weiße Schuhe mit blauen, roten, grünen und gelben Streifen und mit Schleifen.

»Die habe ich aus Mailand, und für kein Geld der Welt gebe ich sie her. Die trage ich auf meinen Reisen überall«, beendete er seine Mode- und Schuheschau für diesen Abend.

Wenn ich mich jetzt an ihn erinnere, was für ein bunter, interessanter Vogel er ist, erfüllt mich unendliche Freude. Freude, dass ich diese Reise unternommen habe.

Alleine die Jesussandalen und der Trick mit dem Kugelschreiber sind schon interessante neue Erfahrungen. Was für Menschen treffe ich auf meinen Reisen? Sie und ihre Geschichten kommen von selbst zu mir. Ich musste nicht suchen, sie kamen einfach zu mir. Ich musste nur offen für sie sein und alles aufschreiben.

Nach dem Abendessen saßen wir immer gemütlich im Hotelrestaurant. Die anderen besprachen, welche Ausflüge sie unternehmen wollten. Ich und Anna hörten nur zu.

Unser Urlaubsprogramm war schon in Deutschland geplant – eine Woche Ayurveda Kur.

4. Ayurveda oder Banana Queen

Dieses Wissen vom Leben ist eine über 5000 Jahre alte Heilkunde. Ihr Ziel ist es, den Körper zu entgiften und die Selbstheilungskräfte durch gesunde Ernährung, Yoga, Massagen und andere Prozeduren zu aktivieren.

Essen und Trinken hält Leib und Seele in Harmonie.

Die ayurvedischen Ärzte suchen nach dem körperlichen und seelischen Ungleichgewicht, das die Krankheit verursacht. Die individuelle Ernährungsberatung und Heilbehandlung basiert auf den drei Doshas, den Energien, die die individuelle körperliche und seelische Konstitution eines Menschen bestimmen. Sie sind den vier Elementen, die wir kennen, zugeordnet: Wasser, Luft, Erde, Feuer. Hinzu kommt noch ein fünftes Element, Raum.

Die drei Doshas:

Vata

besteht aus Raum und Luft und gilt als Lebensenergie.

Kapha

ist eine Mischung aus Wasser und Erde und ist für die Struktur des Körpers, Wachstum und Gelenkigkeit verantwortlich.

Pitta

besteht aus Wasser und Feuer und ist für biochemische Vorgänge im Körper verantwortlich, wie Verdauung und Stoffwechsel.

Die ayurvedische Küche ist nicht mit der asiatischen Küche zu vergleichen. Um die Nahrung leicht zu verdauen, wird alles in der ayurvedischen Küche gekocht. Rohkost kommt selten vor.

Die Nachspeisen werden gerne vor der Hauptmahlzeit gereicht, da sie schwer zu verdauen sind.

Die Verdauung ist also ein zentrales Thema in der ayurvedischen Küche.

»Wer richtig isst, braucht keine Medizin«, sagte mir Maria, »außerdem muss das Essen mit Liebe gekocht, serviert und gemeinsam mit anderen gegessen werden«.

Alle Funktionen der Nahrungsaufnahme wie beißen, saugen, kauen, lecken und schlucken werden ausgeführt, und die Geschmacksempfindungen (die Rasas) sauer, süß, salzig, bitter und scharf werden harmonisch kombiniert. Während des Essens herrscht Ruhe und die Menschen genießen die Mahlzeiten. Vor dem Fernseher und nebenbei lesend würde kaum jemand essen.

Die Gewürze spielen in der ayurvedischen Küche eine wichtige Rolle. Fast alle Gerichte, die wir angeboten bekamen, waren scharf gewürzt. Da ich die Schärfe nicht vertragen konnte, war ich zuerst mit dem Probieren beschäftigt, als ich die Gerichte noch nicht kannte. Nur bei Reis war ich mir sicher, da fand ich keine scharfen Gewürze.

Das Problem bei den Gerichten für mich war, dass sie mehr Kohlehydrate als Proteine lieferten. Am Ende der Reise brachte ich statt des erhofften Gewichtsverlusts noch 2,5 Kilo mehr nach Hause mit. Trotz der Spaziergänge, Ausflüge in der zweiten Woche und allen körperlichen Aktivitäten habe ich zugenommen. Sollte ich mich irgendwann nochmal für eine Ayurveda Kur entscheiden, weiß ich jetzt, was für meinen Körper und meine Seele gut ist.

Zurück zu den Gewürzen, die heilen und gesund machen. Die spirituellen Wirkungen der Gewürze auf Seele und Geist werden stets berücksichtigt. Die folgenden zehn Königsgewürze sind in jeder ayurvedischen Küche zu finden: Zimt, Kurkuma, Ingwer, Kardamon, Koriander, Nelken, Pfeffer, Muskat, Kreuzkümmel und Safran.

Maria und Julian, unsere Reiseführer, haben in Deutschland ein schönes neues Ayurveda Zentrum aufgebaut und berichteten mir, was eine Ayurveda Kur bewirken kann, auch eine einwöchige Kur. Ich hatte also eine grobe Vorstellung, was mich erwartet.

Wir gingen mit Anna neugierig durch den Garten, wo sich die Holzhütten befinden, in denen die Mahlzeiten eingenommen werden. Als wir dort ankamen, waren schon ein paar Gäste da und tranken Wasser. Maria hatte mir zuvor erklärt, dass es vor jedem Essen üblich ist, heißes Wasser zu trinken. Dies regt den Magen-Darm-Bereich an und bereitet ihn auf die Aufnahme der Nahrung vor.

Vor mir sah ich eine schöne weiße Teetasse mit singhalesischen Buchstaben. Ein junger Mann, der uns fast die ganze Zeit bedient hat, schenkte uns Tee ein, den Chai.

Danach folgte ein frisch gepresster Saft, jeden Tag ein anderer. Das war die Reihenfolge beim Frühstück, außer die letzten zwei Tage, als wir einen Ausnahmezustand hatten. Die Gerichte waren nach den Ayurveda Typen geordnet und am Anfang hingen über den Tischen die Farben und Namen von Pitta, Kapha und Vata. Nach dem Frühstück warteten wir auf unserer erste ärztliche Untersuchung. Dolmetscherin war Johanna, die das Zentrum aufgebaut hat und es leitet. Der ayurvedische Arzt stellte sich kurz vor und fing an Fragen zu stellen. Zuerst wurden wir gemessen und gewogen, danach kam die Pulsdiagnose. Jeder bekam eine kleine Mappe, in der sich die Untersuchungsergebnisse auf Singhalesisch befanden.

Im Schrank an der rechten Wand sah ich viele Kräuterweine, die wir morgens und abends zu uns genommen haben, viele Nahrungsmittelergänzungen, manche mit Ablaufdatum, wie ich später auf meinen gekauften Packungen entdeckte. Hier achtet man auf solche Sachen nicht, habe ich mir gesagt, es aber nicht vergessen. Ich habe ca. 13 Euro für jede Packung bezahlt, was in Sri Lanka sehr viel Geld ist.

Neben dem Schrank an der Wand mir gegenüber sah ich eine große Tafel, auf der die Namen aller Kurgäste standen, die gebuchte Kurart (Anti-Stress, Panchakarma oder Body Fit) und die Tage, an denen wir Kurbehandlungen hatten.

Unsere einwöchige Kur, erklärte uns Johanna, ist eine kurze Behandlung und beinhaltete einige Prozeduren. Für eine volle Entgiftung reichte die Zeit nicht, deswegen waren unsere Prozeduren intensiver – jeden Tag hatte ich Massagen, Kräuterbäder, Shirodhara, Dampfbad oder Blumenbad.

Wie ich nach zwei Tagen feststellte, lag die Hauptbehandlung auf den Massagen. Ich wurde gefragt, ob ich einen Mann oder eine Frau als Masseur haben möchte. Mir war es egal und so habe ich einen Mann für alle Massagen angewiesen bekommen.

Am Nachmittag ging es los. Ich verwandelte mich in eine schwarze Frau, indem ich meinen schwarzen Wellness-Bademantel und meine schwarze Unterhose anzog. Die Öle, die für die Behandlungen benutzt werden, enthalten Farbstoffe, die die Wäsche direkt in den Müll aussortieren.

Meine erste Massage habe ich heldenhaft überstanden.

Der Griff des Masseurs war so stark, dass ich am nächsten Tag blaue Flecken auf Armen und Beinen entdeckte. Ich zeigte es ihm am nächsten Tag und bat um einen leichten Griff. Es änderte sich aber nichts. Der Mann, er hieß Milik, war fest von seiner Kunst überzeugt und sicher, dass er mir gut tut. Um die unangenehme Massage leichter zu ertragen, habe ich meditiert. Der Automatismus der Bewegungen zeugte von Routine und einer Ausschaltung des Bewusstseins beim Massieren. Der Masseur dachte einfach an etwas anderes. Irgendwann erfuhr ich, dass er eine Familie und zwei Kinder hat und interessanterweise Mitglied in einem Club ist, der mit der menschlichen Sexualität zu tun hat.

Nach jeder Massage ging Milik aus dem Behandlungsraum und unterhielt sich mit den anderen Männern, die auch Massagen machten. Im Team gab es noch vier Frauen, drei davon waren Therapeutinnen, eine ayurvedische Ärztin. An das ständige Hin und Her, Kommen und Gehen konnte ich mich gewöhnen und sagte mir, dass ich in Asien bin, wo die Privatsphäre anscheinend wenig zählte. Die jungen männlichen Therapeuten kommentierten uns, lachten über uns und dachten, dass wir nichts verstehen. Noch am ersten Tag wurde mir klar: Ich darf nicht vergessen, dass ich nicht in Europa bin.

Später erfuhr ich, dass der Therapeut Milik aus einer wohlhabenden Familie stammt und es nicht nötig hat, Geld zu verdienen, wie die anderen, die da arbeiteten. Und sie arbeiteten für 80 Euro pro Monat.

Jeden Abend bekamen wir den Behandlungsplan für den nächsten Tag und ich habe alle Pläne fotografiert. Viermal sollte ich einen Shirodhara Stirnölguss haben, davon bekam ich nur drei. Die Therapeutin, die es beim ersten Mal durchführte, zeigte mir eine fantastische Art und Weise, wie man das macht und damit stand diese Massage in meinem Top 3 Behandlungen auf dem ersten Platz. So schön, sanft und angenehm war der Stirnguss. Danach fühlte ich mich wie auf einer Wolke.

Als letzte Heilprozedur am zweiten Tag erlebte ich die Head-Massage. Die Therapeuten, die diese Behandlung durchführten, nannten sie Banana Queen. Ein anderer Therapeut suchte ein großes Blatt von einem Bananenbaum und bereitete eine Mischung aus Heilerde, Ölen und Kräutern zu, die auf das Bananenblatt gegeben wurde. Um meine Stirn wurde eine solide Bananenmütze gewickelt, die mit der heilenden Mischung gefüllt war.

Das Ganze durfte eine Stunde dort bleiben. Ich sah wie eine schwarze Königin aus, die ihr Königreich verloren hatte. Es schien mir sehr ungewöhnlich. Maria meinte, diese Behandlung sei sehr hilfreich bei der Eröffnung des Kronenchakras. Und tatsächlich, bei der Meditation erhielt ich sehr viele und ungewöhnliche Bilder und Botschaften.

Anna hat mich sogar fotografiert, damit ich eine Erinnerung an diesen Moment der Bananenkönigin habe. Nach einer Stunde konnte ich alleine die Krone abnehmen und die Mischung entsorgen.

Am Nachmittag war ich mit Anna alleine, da die Gruppe zu einer Schildkrötenfarm gefahren ist.

Abends nach unserer ayurvedischen Mahlzeit konnten wir schöne Fotos von unseren Mitreisenden sehen und ihre

Eindrücke und Erzählungen hören. So viele Themen wurden nach dem Abendessen besprochen: Familie, Arbeit, Spiritualität, Ausflüge. Manchmal war ich von den Massagen mitgenommen und konnte nur ruhig zuhören, was die Anderen berichteten.

Ab dem dritten Tag konnten wir unsere Nachmittagsbehandlungen auf den Vormittag verlegen, damit auch wir mit der Gruppe die Ausflüge miterleben konnten.

An diesem Tag wussten wir, dass wir den Tempel in Aluthgama besuchen werden.

5. Der Tempel Kande Vihara

Nach unseren Behandlungen engagierten wir mit Anna einen Tuk-Tuk Begleiter, um uns zum Tempel Kande Vihara in Aluthgama zu bringen. Er begleitete uns und übernahm sozusagen die Rolle eines Reiseführers.

Kandle Vihara (Bergtempel) wurde 1734 gegründet und ist von der Regierung als archäologische Städte anerkannt.

Der Tempel umfasst den Stupa, den Bodhi-Baum, die Reliquienkammer, das Bildhaus, Upulvan Devalaya und die anderen Haupt Devalas, Kataragama und Pattini Devalaya. Die Predigthalle, der Bodhi-Baum und das Seema Malaka befinden sich außerhalb des Vihara Geländes.

Der Stupa (Sanskrit »Haufen«) ist eine halbkugelförmige Struktur, die als Meditationsraum dient. Hier wurde der Stupa in Glockenform gebaut und in einem achteckigen Shelter errichtet.

Wände und Decken beider Kammern zeigen Jataka Geschichten (Geburtsgeschichten) und Bilder aus dem Leben Buddhas.

Die ganze Tempelanlage wurde erst 2007 richtig bekannt, als ein Minister an der Einweihung der größten sitzenden Buddha-Statue Sri Lankas teilnahm.

Die Straße zum Tempel wurde 2008 fertiggestellt.

Der sitzende Buddha ist ca. 50 Meter hoch und 45 Meter breit. In der Haupt- und Nebenhalle befinden sich farbige Reliefs der buddhistischen Heilslehre. Wegen der vielen kräftigen Farben hatte ich das Gefühl, dass meine Wahrnehmung den Sättigungspunkt erreicht hat.

Der Tempel in Kande Vihara zieht Gläubige aus dem ganzen Land magisch an. Touristen wie uns habe ich wenig gesehen. An jeder Ecke fanden wir eine Spendenbox und Verkäufer für Opfergaben. Alles, was das Land an Blüten und Früchten hervorbringt, kann als Opfergabe dienen.

Die Lotosblume, die ich als Opfergabe hinterlassen habe, war rot. Mit meinem kurzen christlichen Gebet habe ich die Tradition des Landes geehrt und bin hinausgegangen. Den angeketteten Elefanten, der sich auf dem Tempelgelände befindet, konnte ich nicht sehen. Meine Mitreisenden haben Fotos von dem heiligen Tier gemacht und erzählten, dass sie ihn streicheln und füttern durften. Irgendwo in der Mitte der großen Tempelanlage befindet sich der Heilige Baum, der Bodhi-Baum (das **Sanskritwort Bodhi** bedeutet Erwachen, Erleuchtung). Der heilige Feigenbaum (Ficus religiosa) war ein alter Baum in Bodh Gaya, unter dem Siddhartha Gautama, der spirituelle Lehrer, der später als Buddha bekannt wurde, Erleuchtung erlangt haben soll.

Der Baum soll über 300 Jahre alt sein und ist ein häufiges Ziel von Pilgern. Er gilt als einer der drei Bodhi-Bäume in Sri Lanka, die sehr alt sind.

Mit einem Zaun umgeben, mit vielen kleinen bunten Stoffteilchen geschmückt und in einen leichten Nebel wie in Watte gehüllt, steht da ein riesiges Baumexemplar. Unser Begleiter nannte ihn »Baum der Wünsche« und

sagte uns, dass er diesen Baum besucht und seine Wünsche
ausgesprochen habe, bevor er nach Deutschland kam.
Gläubige, die kranke Familienmitglieder haben, beten hier
für ihre Angehörigen. Nichts im Leben der Menschen hier
geschieht ohne Götter. Bei jeder kleinen Angelegenheit
besuchen sie einen nah gelegenen Tempel oder Gebets-
raum, um ihr Anliegen den Göttern mitzuteilen.

Religion hat hier einen festen Platz, wie ein Angehöriger
im Herzen der Menschen.

Wie die Anderen übergab ich meine Wünsche an den
Wunschbaum, umarmte ihn und verharrte so für ein paar
Sekunden. Dies war für mich ein Erlebnis. Mit der Natur
verbunden zu sein, ihre Kräfte zu spüren und Energie zu
tanken, empfand ich hier als ein Geschenk für mich. In
diesem Moment war ich dankbar und glücklich.

Später, als ich meine Fotos durchsucht und genau
betrachtet habe, entdeckte ich, dass ich die Aura des
Baumes aufgenommen habe.

Am nächsten Tag, als wir alle zu unserem Dorftempel
gingen und ich noch einen heiligen Baum sah, wusste ich
schon, dass das Entscheidende für den Bau einer Tempelanlage darin besteht, in der Nähe eines altehrwürdigen
Bodhi-Baumes einen Buddha zu platzieren, um den Göttern nahe zu sein und die Natur zu ehren.

Unser Tuk-Tuk Fahrer lud uns danach auf einen Nachmittagstee bei seiner Familie ein. Ich war überrascht zu sehen, wie groß das Haus der Familie war. Dahinter befand sich ein tropischer Garten mit drei Affen, die ich erfolglos mit der Fotokamera jagte. Am Teetisch waren nur Männer der Familie anwesend, die Frauen schauten aus dem kleinen Küchenfenster und versuchten unserer Unterhaltung zu folgen.

Diese Trennung von Frauen und Männern ließ mich daran denken, welche Freiheit in Europa errungen wurde, damit Frauen gleichberechtigt sind. Die Entwicklung der Gesellschaft in jeder Region der Erde ist durch Religion, Kultur, Sitten und Menschen geprägt. Der Kontrast zwischen Abendland und Asien wurde mir erst hier richtig bewusst. Seit dieser Erkenntnis habe ich für mich entschieden, die Tempelanlagen nur als Kunstobjekte zu betrachten und alles andere, was ich sehen durfte, mit den Augen einer Autorin wahrzunehmen.

Die Familie war einer der reichsten Familien aus dieser Region, wie ich später erfahren habe. Unsere Reiseleiterin Maria hatte mit dem jungen Fahrer des Tuk-Tuks ein sonntägliches Mittagessen bei seiner Familie geplant. Dieser Besuch kostete 10 Euro pro Person und bescherte einigen von uns später ein paar unangenehme Stunden auf der Toilette.

Ich und Anna verabschiedeten uns und wollten mit dem Tuk-Tuk zu einem Ayurveda Shop fahren, da wir einkaufen wollten. Wir wurden in den teuersten Ayurveda Shop gebracht, aber das wussten wir noch nicht. Es ist traurig zu erfahren, wie Menschen wie wir, die zum ersten Mal Sri Lanka besuchen, so über den Tisch gezogen werden. Der »arme« Tuk-Tuk Fahrer, der angeblich auch Zimmerboy in einem großen Hotel in der Nähe war, bekommt eine erhebliche Provision, wenn er deutsche Kunden in den Laden bringt.

Es regnete den ganzen Tag und die Wolken hingen über unseren Köpfen wie ein Damoklesschwert.

Mit vollen Tüten und wesentlich leereren Geldbeuteln kamen wir zu unserem Hotel.

Unsere Mitreisenden warteten auf uns, da wir gemeinsam den Dorftempel besuchen wollten.

Als wir im Tempel ankamen, begann es stark zu regnen. Zwei Jungen, ein dreizehn- und ein sechzehnjähriger, liefen ständig um uns herum und bettelten um Geld und Spenden. Als ich mich weigerte, ihm Geld zu geben, griff der ältere Junge nach meiner Tasche und zog daran. Ich schrie und holte sie sofort wieder. Es war. als sei ich in einem falschen Film. Erschrocken über dieses Vorkommnis ging ich ein paar Schritte zurück.

Maria und die anderen versuchten bei dem Regen und starken Wind im Tempel zu meditieren. Ich hatte einen inneren Widerstand und blieb draußen, um zu beobachten, wie die Jugendlichen meine Mitreisenden auslachten und wie sie über uns redeten. Obwohl ich kein Singhalesisch verstehe, konnte ich die nonverbale Sprache sehr gut ablesen. Der kleine Junge war sehr krank und hustete ständig. Das Ganze war für mich wie ein Albtraum. Was hatte dieser Junge mit angegriffener Gesundheit hier zu suchen? Gab es keine Mönche, die sich um den Tempel kümmerten?

Ich wartete in getrübter Stimmung draußen auf die anderen. Christine sah mich und versuchte, mich zu belehren im Sinne von »wer nicht alles akzeptiert, der findet keinen Frieden mit sich«. Zu meiner schlechten Stimmung gesellten sich der starke Regen und der kalte Wind. Unsere Schirme waren machtlos dagegen, und es jagte mir Angst ein.

6. Der Zyklon

Wir marschierten zurück zu unserem Hotel, es war Zeit zum Abendessen.

Der Wind war so stark, dass wir nicht an unserem gewöhnlichen Platz im Ayurveda Pavillon essen konnten, da ein Baum sehr gefährlich über uns hin und her schwankte und uns Angst machte.

So wurden unsere Essenszeiten ins Restaurant verlegt. Das Serviceteam erledigte seine Aufgaben ohne Stress und Unruhe, anscheinend waren sie schon daran gewöhnt. Erst, als alle Glastüren geöffnet wurden und man uns erklärte, dass die Luft freie Bahn brauche, wurde mir die Lage bewusst. Wir befanden uns mitten in einem Sturm. Und niemand vom Personal oder der Hotelleitung sagte etwas. Es herrschte Informationssperre. Es gab ab und zu Internet, und die Gäste konnten sich mit ihren Familien in Deutschland oder sonst wo auf der Welt per Mobiltelefon oder Laptop in Verbindung setzen. Um 22 Uhr ist ein Baum vor meinem Zimmer gefallen und viele Palmenblätter und Äste landeten im Garten. Es regnete überall stark und eine Überschwemmung drohte.

Da unser Hotel direkt am Indischen Ozean lag, waren Überschwemmungen nichts Ungewöhnliches für die Menschen, die dort wohnten und arbeiteten.

Schweigend beobachteten wir, wie der Wind draußen tobte und Schaden anrichtete.

Das Schlimmste für mich war, das Geräusch des Meeres wahrzunehmen. So eine Naturgewalt hatte ich in meinem ganzen Leben noch nie erlebt.

Als es Zeit zum Schlafen war, ging ich angekleidet ins Bett. Es war eine stürmische, schlaflose Nacht, die ich nicht vergessen werde.

Die Wellen und der Wind brachten alles durcheinander. Die Stromversorgung im Hotel war in diesem Fall gesichert, aber das ganze Dorf lag im Dunkeln. Danach gab es eine ganze Woche keinen Strom. Da die Stromleitungen provisorisch waren, war es auch gefährlich, mit dem Auto unterwegs zu sein. Überall auf den Straßen lagen abgebrochene Stromkabel. In der Nacht habe ich meinen Koffer gepackt und auf einen Tisch hoch gestellt. Ich war für eine Evakuierung bereit, obwohl ich wusste, dass wir der Natur ausgeliefert sind. Bei so einem Sturm blieb uns nur zu beten. Als plötzlich ein großer Krach draußen war, bekam ich Panik. Es war dunkel wie in einem Tunnel. Erst am

Morgen sahen wir ein AIDA Kreuzfahrtschiff und dass Teile eines Fischerboots überall am Strand lagen. Baumstämme, Palmblätter, Äste und alle mögliche Gegenstände trieben im Wasser und bewegten sich im Rhythmus der Wellen. So bekam ich einen kleinen Teil der zerstörerischen Kraft des Zyklons mit. Tief in meinem Inneren war ich erschrocken.

Am nächsten Morgen kamen nur wenige Therapeuten zur Arbeit, so dass meine Behandlungen sich auf die Massagen konzentrierten. In den letzten drei Tagen habe ich nur Massagen bekommen, obwohl ich für mehr bezahlt hatte. Das Geld wurde uns nicht erstattet und es wurden uns keine Alternativen als Ersatz für nicht stattgefundene Behandlungen angeboten, obwohl wir darauf bestanden.

Gäste so zu behandeln, erschien mir unfair. Danach hatte ich viel Zeit darüber nachzudenken, ob Ayurveda in diesem Hotel für mich eine Zukunft hat.

Ich bin aber davon überzeugt, dass eine Ayurveda Kur Wunder bewirken kann, sogar eine Anti-Stress-Woche, wie es bei mir der Fall war.

Der Zyklon tobte drei Tage. Danach kam die Sonne heraus. Die Schäden waren in allen Gärten der Region zu sehen. Die Leitungen waren abgebrochen, und bis der Strom wieder ins Dorf kam, dauerte es eine Woche. In unserem Hotelgarten waren viele Mitarbeiter damit beschäftigt, die Schäden zu beseitigen. Und so erinnerte innerhalb weniger Stunden nichts mehr an den Zyklon. Ich staunte, wie organisiert die Mitarbeiter des Hotels vorgingen, wie ein eingespieltes Team mit Routine und guter Planung.

Es kam sogar ein Palmenbaumkletterer, der die kaputten Äste absägte und sie zu Boden warf. Von diesem Mann mit dem seltenen Beruf in den Tropen habe ich meine schönsten Fotos gemacht. Ich fand es faszinierend, wie gewandt er hochkletterte, wie ein Affe in seinem natürlichen Lebensraum.

Ab diesem Tag waren die Sonnenuntergänge unbeschreiblich.

Jeder Fotograf kann davon träumen, Aufnahmen an diesem Ort zu machen. Die blaue Stunde, ein Regenbogen und viele bezaubernde Anblicke mehr präsentierten sich uns in voller Pracht, wie eine Entschädigung für die schlaflosen Nächte und die Angst vor den Naturgewalten. Das einzigartige Farbenspiel hielt ich auch in einer Videosequenz fest.

7. Der Swami in der Palmblattbibliothek

Am nächsten Tag stand unser Besuch in der Palmblattbibliothek in Colombo auf dem Programm. Nach dem
Frühstück machten wir uns gemütlich in einem Bus auf
den Weg, alle fünf Frauen ohne Julian.

Die Fahrt nach Colombo in den Morgenstunden dauerte
eineinhalb Stunden mit einer kleinen Pause. Unser Reisebegleiter musste in einem Buddha Tempel beten. Er sagte,
er mache nichts, ohne mindestens einmal am Tag in einem
Tempel zu beten.

Kurz nach 10 Uhr kamen wir in Colombo an. Die Palmblattbibliothek befindet sich im 5. Bezirk der Stadt, in
einem Hochhaus auf dem zweiten Stock.

Es ist eine ganz normale Mietwohnung mit fünf Zimmern, in der das Nadi-Reading (so nennt man das Palmblattlesen) stattfindet. Die Bibliothek ist privat und gehört
einem vedischen Astrologen. Das hatte ich zuvor herausgefunden.

Unser Reisebegleiter hatte vor fünf Monaten die Aufgabe
erhalten, uns für das Nadi-Reading anzumelden. Jeder gab
seine Daten an und die Wünsche, was wir vorgelesen
bekommen wollten.

Am Tag der Ankunft stellte sich heraus, dass wir gar nicht
angemeldet waren. Die Anmeldung erfolgte erst morgens
am Tag der Ankunft in der Palmblattbibliothek. Es wurden
Fingerabdrücke abgenommen, bei den Frauen vom linken,
bei den Männern vom rechten Daumen.

Mein Fingerabdruck kam auf ein kleines Papier, das
später gescannt wurde, falls ich ein Video wollte. Der
Abdruck diente dazu, mir in den sieben Stunden, die ich
da wartete, ein vedisches Horoskop zu erstellen. Maria hat
versucht das Missverständnis mit der Anmeldung zu

klären, aber der Mitarbeiter im Büro blieb unnachgiebig. Die anderen sollten morgen kommen. Ich habe von vornherein gesagt, dass ich weder morgen noch das nächste Jahr wiederkommen würde, falls ich heute nicht dran komme. So bin ich mit dem Reisebegleiter als Übersetzer bis 17.00 Uhr am Nachmittag geblieben und wartete dort im Wohnzimmer.

In dieser Zeit konnte ich für mich das Geheimnis der Palmblattbibliothek in Colombo lüften.

Es ist ganz einfach. Dies ist eine tamilische Einrichtung, die sich Bibliothek nennt.

Die Palmblätter werden nicht aus Indien geholt, wie wir vorher geglaubt hatten und wie ein tamilischer Übersetzer behauptete. Irgendwo in einem Raum wurden Palmblätter aufbewahrt, die den verschiedenen menschlichen Lebensmustern entsprachen. Jedes Leben passt zu irgendeinem Muster auf diesen Blättern. Zusammen mit Abfragen, vedischen Horoskopen und dem Wissen des Nadi-Reader, dem Swami, war das das Geheimnis der Lesungen.

Eine geniale Erfindung, um Geld zu kassieren.

Besonders von Touristen wie mir, die zum ersten Mal im Land sind. Wie sie sich danach fühlen würden, interessierte niemand. Hauptsache es floss.

Obwohl ich kein Tamilisch verstehe, bekam ich mit, wie sich mein Reisebegleiter und der Sekretär des Swami absprachen, um mir mehr Geld aus der Tasche zu ziehen.

Zuerst kostete die Lesung jedes Kapitels 13 Euro. Nach vier Stunden waren es 18 Euro und am Ende 23 Euro pro Kapitel. Zwei Kapitel wurden zusammen gelesen. Von den insgesamt sechs Kapiteln, die ich auf meinem Zettel hatte, wurden mir also fünf vorgelesen.

Da ich ein geduldiger und ruhiger Mensch bin, verharrte ich im Wartezimmer und beobachtete die Menschen, die dort anwesend waren.

Es waren Leute aus der Mittelschicht, die es sich leisten konnte, das Nadi-Reading zu bezahlen. Es waren die ganzen Familien da, sowohl der Mann als auch Frau und Kinder. Das hat mich überrascht. Und alle warteten geduldig wie ich. Ich bin mit einem alten Mann, der Englisch sprach, ins Gespräch gekommen. Die anderen sprachen nur Tamilisch. Der alte Mann war zum zweiten Mal da und glaubte an das, was er hören würde. Als ich ihn fragen wollte, wie es bei ihm beim ersten Mal gelaufen ist, wurde er gerufen. Danach habe ich ihn nicht mehr gesehen, weil sein Nadi-Reading in einem Zimmer stattfand, von dem aus er die Wohnung direkt verlassen konnte. Der Fernseher lief, die Tamilen gingen und kamen. Ich saß immer noch da.

Die Wolken draußen brachten einen starken Sturm, der Strom spielte in den Lampen an der Decke seinen Tanz und ich folgte dem Regen mit Besorgnis.

Endlich kam meine Stunde, es war kurz nach 17.00 Uhr. Ich und mein Übersetzer wurden gebeten, ins Zimmer zu kommen. Das Zimmer war leer. Auf der rechten Seite stand ein großer Tisch. Die zwei Stühle mir gegenüber waren aus Holz. Ich und der Übersetzer setzten uns auf das Sofa für Klienten. Links von mir befand sich die heilige Ecke mit dem Buddha, dem Swami und allen Utensilien, die man für eine heilige Nadi-Lesung braucht.

Ich wurde den Göttern vorgestellt, der Swami betete und danach kamen die Fragen. Der Swami war ein Mann in mittlerem Alter. Er hielt ein Palmblatt in seinen Händen. Ich dachte mir: »Dies ist mein Leben, genauso habe ich es in meinem Traum gesehen.«

Zuerst betete der Swami, danach wurde ich gefragt, ob ich eine Zwillingsschwester habe, eine Schwester oder einen Bruder, ob der Name meines Vaters mit den Buchstaben T, S, M oder N anfängt. Es folgten die Buchstaben für den Namen meiner Mutter. Und so fragte der Swami ca. 40 Minuten, bis ich am Ende genervt war, weil ich wusste, dass er ohne meine Hilfe nie die Namen bekommen würde. Ich war in einem anderen Land geboren, wo die Namen anders waren. Nachdem der Swami die Namen hatte und die generellen Lebens- und Familienkonstellationen wusste, musste ich wieder hinausgehen.

Zwischendurch kam eine andere Familie, die früher an dem Tag eingetroffen war.

Mein Kopf war leer und die Enttäuschung wurde immer größer. Ich konnte mir nicht erklären, warum es so war.

Hatte ich zu große Erwartungen in meinem Besuch gesetzt, oder kam die Enttäuschung von der Art und Weise, wie die Übersetzer über ihre Entlohnung verhandelten? Das hat mich aus der Bahn geworfen, und mein Traum drohte zu platzen.

Als ich noch mal gerufen wurde, habe ich mir mein Heft herausgeholt und war bereit Notizen zu machen. Meine Ohren waren so gespitzt, dass ich nichts anderes hörte als die Stimmen des Swami und seines Übersetzers.

Es wurden viele Begriffe aus der vedischen Astrologie genannt – dies erfuhr ich erst später, als ich mich über die Bedeutung verschiedener Wörter informiert und mehr darüber gelesen habe.

Diesmal brauchte der Swami die Palmblätter nicht, sondern las aus einem anderen normalen Blatt die Natalkarte der vedischen Astrologie, die mit meinen Daten in kurzer Zeit erstellt worden war.

So ging das Kapitel für Kapitel, mit einem Gebet zu den Göttern am Anfang und der Danksagung am Ende. Der Swami war sehr schnell fertig.

Es kam die Zeit für meine Fragen.

Ich stellte vier Fragen und erhielt Antworten von der Art, wie sie auch das Orakel von Delphi gegeben hätte – mehrdeutig und in die Richtung lenkend, dass ich mir noch weitere Palmblätter lesen lassen sollte.

Am Ende führte der Swami eine Zeremonie durch und ich bekam einen roten Punkt als Zeichen auf der Stirn, dort wo sich mein drittes Auge befindet. Ich wurde gefragt, ob ich ein spezielles Mandala möchte. Sie würden es mir aus Indien nach Hause liefern lassen. Ich lehnte ab.

Die 200 Euro, die das gekostet hätte, wollte ich anders investieren.

Ich bezahlte, nahm meine Audio CD mit der Nadi-Lesung, bedankte mich und ging erleichtert hinaus.

Das war also ein Nadi-Reading in der Palmblattbibliothek in Colombo.

Ein Horoskop mit vedischer Astrologie, die uns Europäern geheimnisvoll erschien. Bis die eigenen Lebenserfahrungen an der richtigen Stelle ansetzen.

Erst später wurde mir klar: Nicht die einzelne Person, sondern deren Familie steht im Vordergrund. Der Familienstammbaum und die Ahnen spielen eine entscheidende Rolle bei der Frage, wo und als welche Person ein Familienmitglied sein Leben führt.

Ich bin sehr dankbar für die Erfahrung, weil sie mir neue Möglichkeiten eröffnet und neue Themen in mein Leben gebracht hat – integrative Familienkonstellationen und Familien-Karma in der Astrologie.

Es war schon dunkel und wir mussten in einen anderen Stadtbezirk, wo die Busse in unsere westliche Richtung abfuhren. Ein Tuk-Tuk brachte mich und meinen Reisebegleiter und Übersetzer zur Haltestelle. Zu meiner Überraschung kostete die Fahrt von Colombo nach Aluthgama nur 167 Rupien, während wir für die kurze Strecke von Aluthgama bis zum Hotel ohne zu verhandeln 500 Rupien bezahlten.

Hier erinnerte ich mich an eine Kollegin, die mir sagte: »Du musst für jede Sache verhandeln, sonst wirst du über den Tisch gezogen, auch hier in Deutschland.« Ihre Worte habe ich im Kopf behalten und in Sri Lanka umzusetzen versucht. Ich muss gestehen, es kostet mich viel Energie jemanden zu überzeugen, dass ich seine Verkaufsstrategie verstehe und darauf eingehe. Auf der anderen Seite ist es ja so, dass alle, die im Hotel oder um das Hotel herum sind und ihre Dienste anbieten, an uns, den Gästen, verdienen. Ob wir zufrieden sind oder nicht, interessiert keinen. Fakt ist, dass ich mir Gedanken darüber machte, wie ist wäre, sich stets im Verhandeln zu üben.

Das Leben ist voller Überraschungen und ich weiß nicht, wann sich mein Schicksalsrad drehen wird und wohin es mich führt. Eins wusste ich – dies war meine erste Reise in dieses Land und ich genoss meinen Aufenthalt in vollen Zügen. Ich freute mich über den schönen Tag nach dem Zyklon und begrüßte den Sonnenauf- und Untergang. In Sri Lanka sind die Sonnenuntergänge besonders schön.

Ich saß am Strand, solange bis die Sonne unter den Wolken im Ozean verschwand, und machte Fotos.

Es erfüllte mich mit innerem Frieden, mich mit der Natur eins zu fühlen und zu sein.

8. Mittagessen bei der Familie -
Eis aus dem Supermarkt

Am Sonntag war unsere Reisegruppe zum Mittagsessen bei einer singhalesischen Familie.

Es ist allgemein Sitte, wenn wir als Gäste eingeladen sind, dass wir Geschenke überreichen.

Die Menschen in Sri Lanka machten da keine Ausnahme. Alle erwarteten von uns Geschenke und fragten ohne Hemmungen danach. Ich konnte mir vorstellen, dass die Kinder Schokolade und Bonbons vermissten. Die Strandverkäuferin mit ihren großen Plastiktaschen voll mit bunten Schals und Strandkleidern, die jeden Tag ein paar Mal vorbeilief, fragte auch regelmäßig nach Bonbons und Schokolade.

Wir hatten unsere Geschenke vorbereitet, wie es die Tradition verlangt. Ich war sehr gespannt, was für lokale Spezialitäten wir aufgetischt bekommen würden.

Zuerst wurde unsere Gruppe mit Tee begrüßt. Den großen Garten durften wir auch bewundern, bis die Frauen in der Küche alle Gerichte zubereitet hatten.

Frauen dürfen in Sri Lanka nicht mit den Gästen zusammen essen, nur Männer. Das gleiche gilt für Kinder in der Familie. Die Frauen begrüßten uns später nach dem Mittagessen.

Wir saßen alleine da, machten Fotos von jedem einzelnen Gericht und probierten.

Es gab auch Fisch und Hähnchen. Von den verschiedenen scharfen Gerichten habe ich Durchfall bekommen. Ich war nicht die Einzige; noch zwei Mitglieder aus der Gruppe hatten Beschwerden.

Nach dem Essen erwarteten wir wie gewöhnlich einen Nachtisch. Unser Staunen war groß, als wir Eis bekamen. Es sollte angeblich sehr gut schmecken.

Genau die gleiche Packung habe ich am nächsten Tag im Supermarkt in Aluthgama in einer Tiefkühltruhe gesehen. Ich war sehr irritiert, als ich begriff, woher das leckere Eis gekommen war. Und für dieses Mittagessen haben wir pro Person zehn Euro bezahlt. Den gleichen Betrag, umgerechnet in Rupien, bekamen unsere Therapeuten im Monat.

Am Abend nach der gemeinsamen Tagesbesprechung hat unsere Reiseleiterin Maria beschlossen, solche Mittagessen nicht mehr in ihrem Programm anzubieten.

Mir blieben ein paar Fotos und die schlechte Laune nach meinem Durchfall. Glücklicherweise ging das sehr schnell vorbei. Ich hätte meinen Resturlaub wegen solcher Kleinigkeiten nicht versäumen wollen.

Nach dem Essen erwartete uns noch eine Überraschung. Zwei Kleiderhändler waren da, um angeblich die Frauen der Familie anprobieren zu lassen. Es war offensichtlich, dass alles nur für uns arrangiert worden war, damit wir Sachen anprobierten und zu überteuerten Preisen kauften. Ich gebe zu, falls mir etwas gefallen hätte, wäre ich schon in Versuchung gekommen, mir ein Kleidungsstück zu kaufen. Fast alles wird von Tür zu Tür angeboten und verkauft. Es herrschten Lebensverhältnisse wie im 19. Jahrhundert. Obwohl wir schon im 21. Jahrhundert sind. In den großen Städten in Sri Lanka ist es mittlerweile anders. Die großen Lebensmittel-, Technologie- und Mode-Konzerne sind sowohl in Colombo als auch in anderen Städten vertreten.

Egal, wo wir gewesen sind, spürte ich den Respekt gegenüber Deutschland und den Deutschen. Die großen Länder wie USA und England präsentierten ihre Wirtschaft auf Werbewänden, Plakaten und im Fernsehen. So viel Werbung wie in Sri Lanka habe ich in meinen ganzen Leben noch nie gesehen. Überall auf den Straßen, auf den Häusern, in den Höfen, in Gärten und sogar in Tempelanlagen.

Nach dem Mittagessen stand der Besuch einer Zimtplantage ein paar Kilometer entfernt auf dem Programm. Die Familie, die uns eingeladen hat, hatte ihre Mitglieder in der Umgebung, und alle waren entweder Zimt- und Pfefferanbauer oder Gartenbauausstatter.

Wer sich in Sri Lanka um Gewürzpflanzen kümmert, der hat es leicht. Weil die ganze Produktion in die Touristenkoffer kommt und nach Europa oder andere Kontinente geflogen oder verschifft wird.

Zuerst besuchten wir den Raum, in dem die Zimtstangen getrocknet wurden. Danach wurde verhandelt, wie viel Pfeffer jeder von uns haben möchte. Da es Vorweihnachzeit war, hatten wir alle den Wunsch, mindestens 100 g mitzunehmen. So wurde der Pfeffer gewogen und eingepackt. Danach kamen die Zimtstangen an die Reihe. Wer sich mit Küchengewürzen auskennt weiß, dass Zimt aus Sri Lanka (Ceylon) am besten schmeckt. Eins durften wir nicht vergessen, alles aus den Tüten auf dem Tisch im Hotelzimmer auszubreiten, damit es trocken wird.

So beladen mit Gewürzen und mit leichteren Geldbeuteln kamen wir wieder zum Abendessen ins Hotel – für mich die beste Zeit des Tages.

Es wird diskutiert, erzählt, geplant.

Es war meine Zeit. Ich hörte die meiste Zeit zu. Meine Lieblingsdisziplin in Sachen Kommunikation. Fast jeden Abend wurde das ein oder andere schmerzhafte Erlebnis aus den Lebensgeschichten der Mitglieder unserer Reisegruppe berichtet. Ich fand es faszinierend, zuzuhören und hinter den Geschichten das Unausgesprochene wahrzunehmen.

So machen es die Künstler. Sie lassen die Geschichten zu ihnen kommen. Der Erzähler ist erleichtert, dass er das Erlebte noch einmal verarbeiten kann, und die Zuhörer lernen verschiedene Handlungsmuster und Charaktere kennen, denen sie im Leben begegnen könnten. Nach dem gemeinsamen Abend wartete ich sehnsüchtig darauf, mich vor meinem Hotelzimmer hinzusetzen und die Natur in mich aufzunehmen. Der aufgehende Mond, der Wind im Kakaobaum und den Palmen, die Wellen und der Leuchtrum gegenüber auf der Insel. Ich wusste sogar, wie viel Zeit der Lichtkegel für eine volle Umdrehung braucht. Ein Kellner erzählte uns, dass der Leuchtturm ursprünglich von Engländern gebaut und betreut worden war.

In meiner Heimat gibt es einen Leuchtturm, der größer ist als dieser auf der kleinen Insel gegenüber. Ich fand in diesem Leuchtturm ein Stück Heimat.

Egal, wo auf der Welt ich unterwegs bin, suche ich mir Gebäude, Straßen, Gärten oder einfach irgendetwas, das mich glücklich macht.

Dieser Gedanke, ein Stückchen Heimat in fremden Ländern zu finden, machte mich lebendig.

Es für sich zu entdecken und seine eigenen Glücksmomente zu schaffen, das lohnte sich.

Ob in der Heimat oder in fremden Ländern, wir reisen mit uns selbst und unserer Welt.

9. Kräutergarten oder Massage gratis inklusiv Teetrinken

Am Tag vor der Rückkehr nach Deutschland besuchten wir den nahe gelegenen Super Spice & Herbal Garden Moragaila, Beruwala.

Eine alte Anlage ist dieser Gewürz- und Kräutergarten, der dazu dient, den Touristen die Vielfalt der tropischen Pflanzenwelt zu zeigen.

Zuerst war ich irritiert, weil es so gestunken hat und fast der ganze Garten seine Pracht in einer üblen Duftwolke versteckte. Ein junger Mann erklärte uns in gebrochenem Deutsch, dass morgens gegen Mücken und andere Insekten geräuchert wird, und zwar jeden Tag. Das Leben in den Tropen ist eben anderes als in anderen Regionen.

In diesem Kräutergarten fühlte ich mich zu Hause. Alles,
was ich da sah, schien mir bekannt zu sein. Neben der her-
kömmlichen Pflanze wurde ein Heilmittel aufgestellt und
der Kräuterführer präsentierte mit Begeisterung die hei-
lende und beruhigende Wirkung der Pflanzen. Ob Wurzel,
Blätter oder Blüten – alles diente dazu, Körper und Geist
zu beruhigen und zu heilen.

Zu jeder Pflanze gibt es ein Öl, eine Creme oder ein
Parfum. Am Ende unserer Tour wurden wir zu einer Ver-
wöhnungsverkostung eingeladen.

So nannte ich die Probemassagen mit verschiedenen
Ölen, die aus den Pflanzen gewonnen wurden. Ich habe
eine kleine Sandelholzmassage an meinen Ohren gegen
Tinitus bekommen. Der Lärm in den industriellen Ländern
hat seine Folgen, und immer mehr Menschen sind davon
betroffen. Ich genoss es und lernte dabei ein paar Griffe,
die ich meiner Familie und meinen Freunden zeigen kann.
Schließlich hatte ich ein Zertifikat als Spezialistin für Well-
ness und Anti-Aging. Die drei Frauen aus unserer Gruppe
genossen die von ihnen ausgewählten Massagen ebenfalls.

Übrigens, ob Massage, Öle oder Massagegriffe – alles war
anders als in Europa. Somit konnte ich meine Kenntnisse in
Theorie und Praxis erweitern. Die Kosmetikerin unter uns
kaufte für ihre Praxis sehr viele neue Kräutermittel. Sie

beabsichtigt, ihre Arbeit auf ayurvedische Massagen umzustellen. Sie war sehr glücklich, dass sie den ersten Schritt für ihre berufliche Veränderung gewagt hat.

In dem kleinen Laden im Kräutergarten fanden wir sehr viele Mittel, die teuer verkauft wurden. Da sie vor Ort hergestellt wurden, schien es uns zuerst in Ordnung zu sein. Bei einem Gespräch am Nachmittag mit einer Verkäuferin von einem kleinen Laden in der Nähe des Hotels wurde uns klar, dass es speziell für Touristen war. Eine gute Alternative wären die Ayurveda Shops, die wir in Aluthgama besucht haben.

Als erfolgreicher Abschluss nach gelungenen Geschäften von beiden Seiten wurden wir im Kräuterladen zu einem Tee eingeladen. Ich kam mir wie im Orient vor. Dort ist es ebenso üblich, dass der Verkäufer nach dem Einkauf den Kunden Tee oder Kaffee anbietet. Dieses Symbol der Gastfreundschaft trägt zur Zufriedenheit der Kunden bei, die später möglicherweise wiederkommen, dachte ich mit einem Lächeln.

Tees mit Zimt, Kardamon, Kurkuma und anderen geheimen Zutaten sind in Sri Lanka normal. Die Einheimische nutzen alle Pflanzen für die Heilung von Menschen und Tieren.

Tee ist Nationalgetränk in Sri Lanka. Er wird in einem kleinen Glas serviert. Man kann die Zimtstangen und anderen Gewürze im Glas sehen und schmecken.

Übrigens, Ceylon Tee ist sehr bekannt und als Geschenk zum Mitnehmen empfohlen.

Ein beliebtes lokales Getränk ist der aus Palmsaft gewonnene Toddy, der uns auch angeboten wurde. Wenn er fermentiert, wird er zu Arrak in unterschiedlichen Stärken. Alkohol ist in Sri Lanka sehr teuer.

Den Genuss von Kokoswasser habe ich auf den Nachmittag am Strand verlegt. Für 10 Rupien hatte ich ein wohlschmeckendes und erfrischendes Getränk samt einem Strohhalm. Frischgepresste Fruchtsäfte haben wir nur im Hotel genossen. Da auf der Insel sauberes Trinkwasser nur in Flaschen angeboten wird, war es riskant, auf der Straße Fruchtsäfte zu kaufen.

Hier stelle ich zwei Rezepte von dem rosafarbenen Bestell-
blatt vor, das jeder von uns bekam und auf dem man die
gewünschten Produkte ankreuzte.

Gewürztee

Gegen Übelkeit, Magenschmerzen, Halsschmerzen, Grippe
und Fieber
   Drei Tassen pro Woche – zum Vorbeugen gegen Erkäl-
tung

1 L Gewürztee (Tee mit Zimt, Kardamon, Ingwer, Koriander)
   4 Tassen heißes Wasser
   4 Tropfen Vanilleextrakt
   Zucker
   Alles gut mischen, 3 Minuten ziehen lassen, abseihen
und danach servieren.

Kakaomilch

1 TL Kakaopulver
   4 TL Milchpulver oder Sahne
   4 Tassen heißes Wasser
   4-5 Tropfen roter Bananen Extrakt
   1TL Kakaopulver
   etwas Zucker
   Kakaopulver und Sahne mit heißem Wasser mischen,
dann den roten Bananen Extrakt hinzugeben. Soll abends
zum Einschlafen helfen.

Unter 26 pflanzlichen Produkten, die auf dem rosafarbenen
Zettel aufgelistet waren, weckten meine Aufmerksamkeit
solche wie Zimtöl, Red Lotus Oil, Kräutersahnepulver,
Mimosenöl. Der Produktzettel enthielt natürliche Duft-
essenzen, Parfüms, Tinkturen und Cremes.
   Mir wurde klar, warum die Farbe des Bestellblatts rosa
ist.

Die Kunden sind hauptsächlich unwissende Touristinnen, die zum ersten Mal die Insel Sri Lanka entdecken.

Hier muss ich schmunzeln, weil ich vor meiner Abreise sehr viele Reiseberichte gelesen hatte. Die Reisenden berichteten von Besuchen in Kräutergärten und warnten davor, überteuerte Produkte zu kaufen, die man in Ayurveda Shops weit preisgünstiger finden konnte.

Während ich mir eine Kleinigkeit kaufte, mussten zwei meiner Mitreisenden zur Bank gehen, um die bestellten Produkte bezahlen zu können. Die Verkäufer warteten geduldig auf ihr Geld – das Drei- oder Vierfache des Herstellungspreises.

Mit dem Besuch des Kräutergartens endeten meine Ausflüge im Südwesten der Insel. Ich wollte die restlichen Tage die angenehmen Temperaturen, die Sonne und die fantastischen Sonnenuntergänge in aller Ruhe genießen und über das Leben nachdenken.

10. Abschied

Urlaubstage vergehen schneller, als man sich vorstellen kann. So war es auch in Sri Lanka.

Die letzten Tage erwartete ich die Zeit zwischen 17.00 und 18.00 Uhr sehnsüchtig. Der Wind, die Sonnenstrahlen und der Indische Ozean verzauberten die Natur und uns. Die anderen Gäste im Hotel waren genauso wie ich von dem Lichtspiel und dem Wind fasziniert.

Es war die magische blaue Stunde, die Zeit vor 18.00 Uhr, wenn die Sonne ihre Wärme und ihr Licht in den anderen Teil der Erde verlagerte.

Heute noch, wenn ich meine Augen schließe und mir vorstelle, ich sitze am Strand, sehe ich innere Bilder von diesem farbigen, in den Tönen Gold, Rosa, Lila und Gelb gemalten Himmel. Dies ist das größte Geschenk, das die Natur uns geben kann.

So fällt es einem nicht so schwer, Abschied von der Natur, den Menschen, den Docs, den Streifenhörnchen und all den anderen Tier- und Pflanzenarten zu nehmen.

Ich nutzte die Möglichkeit, mit anderen Hotelgästen ins Gespräch zu kommen und mich mit ihnen auszutauschen.

Die meisten besuchten Sri Lanka nicht zum ersten Mal. Nur die Orte waren andere.

Alle Menschen waren von der Natur und dem Pflanzenreich begeistert und wollten genauso wie ich Sri Lanka wieder bereisen. Mit Notizen unterwegs im Koffer und weit geöffneten Augen und Herzen für das, was kommt.

Die Rückflüge nach Deutschland verliefen reibungslos. Nur am Ende der Reise erlebten drei unserer Mitreisenden eine unangenehme Überraschung. Ihre Reisekoffer kamen beschädigt von Qatar Airways zurück aus Sri Lanka. Sie mussten Formulare ausfüllen und sich von ihren Koffern für den zukünftigen Gebrauch verabschieden.

Welcher ist der richtige Koffer für eine Reise in die Tropen? Jeder kann das für sich entscheiden.

Sie werden sich vielleicht fragen, was mit meinem Wörterbuch passiert ist. Es lag die ganze Zeit ganz unten in meinem dunkelblauen Koffer. Ich habe es einfach vergessen. Weil die internationale Sprache nicht Englisch ist, sondern die Sprache des Herzens. Und wer mit dem Herzen reist, der sieht und spricht aus dem Herzen.

11. DANKSAGUNG

Ich bedanke mich recht herzlich für die perfekt organisierte Reise bei Maria und Julian. Ein Dankeschön auch an meine mitreisenden Frauen, die unsere Reise zu etwas ganz Besonderem gemacht haben. Für die vielen Wohlfühlmomente, die wir gemeinsam erlebten, und für die schönen Fotos, die unsere Reise unvergesslich machen.

Ich bedanke mich bei meiner Lektorin Ulrike Mühlhaupt und bei den Testlesern, die mir ihre kompetente und ehrliche Meinung mitteilten und damit zum Gelingen dieses Reiseberichts beitrugen.

Mein Dank geht auch an buchstabenpuzzle.de und Bianca Karwatt, die das Cover für dieses Buch gestaltete.

Ich bedanke mich auch sehr bei meiner Familie, Freunden und Kollegen, die mich inspiriert haben, diesen Reisebericht zu schreiben.

Liebe Leser,
schauen Sie auch nach den anderen Büchern in der Reihe
»Notizen unterwegs«, die überall im Handel zu beziehen
sind.

Wenn Ihnen mein Buch gefallen hat, schreiben Sie eine
Rezension in Online Shops und kontaktieren Sie mich.

Es gibt viele neue Bücher zu entdecken.

E-Mail: danka.todorova@web.de
www.autorinschreibt.blogspot.de

Weitere Bücher der Autorin: